Tum Jee Bhar Ke Rona

Girish Nakod

BookLeaf Publishing
India | USA | UK

Made with ❤ on the BookLeaf Publishing Platform
www.bookleafpub.in
www.bookleafpub.com

Dedication

To my family, my friends, my beautiful wife and to poetry that redefines my extraordinary life!

Preface

There came a moment in my life when the way I looked at things began to shift. Like vision that fades after too much focus, clarity returned only when I learned to look through a new lens.

This book is the world as I see it through that new lens. These poems are reflections of that shift,the quiet transitions life brings to each of us. Moments that ask us to pause, unlearn, and look again. In doing so, we begin to understand the true meaning of the things.

This is what life speaks to me now.

Acknowledgements

Honestly, I never imagined I would be writing poetry for a book. It all began when I came across BookLeaf Publishing's poetry challenge, and the writer in me quietly said, *"Isn't this what you've been waiting for?"* It felt like an opportunity where my expressions could finally find their impressions. I'm grateful to my instincts for nudging me into this journey because sometimes, a stone needs to be pushed before it begins to roll. Thank you, BookLeaf Publishing, for creating this space. And thank you, life, for bringing us together at this very junction. I hope I do justice to these words, painting them for anyone who feels what I feel, but has struggled to put it into expression.

1. Mazaak toh nahi

Abhi aankh khuli hai, thaka hua hu,
parde abhi lage hue hai, kahi raat toh nahi
ehsaas hua naya din aaya hai,
yeh mazaak toh nahi

Kal ki pareshaniya abhi suljhi nahi,
aaj se ulajhne main ustaad toh nahi,
kal kya hoga yeh khayal bhi satata hai,
sach mein yeh mazaak toh nahi

Himmat jutakar ladh leta hu, himmat tut bhi jati hai,
yeh kaanch toh nahi?
jab dushman khud ka mann ho, sahas banaye rakhna,
yeh mazaak toh nahi

Main haar ke haar se kehta hu, kal aana dekhlunga,
magar aaj toh nahi
darr hokar bhi badhte rehna,
yeh mazaak toh nahi

Chahe duniya sath chhod de,
chodunga khudka sath toh nahi
apne aap ke saath har waqt rehna,
yeh koi mazaak toh nahi

Sojata hu aaj ko jeetkar, muskurakar, parde lagakar,
phir aankh khuli, kahi khwaab toh nahi,
ehsaas hua naya din aaya hai,
yeh mazaak toh nahi

2. Sunsaan

Raat ka waqt hai, sab soye hai,
chaand ki roshni hai, sadko par pedho ke saaye hai

aasman saaf nahi kyuki dhundh hai,
par yakeen hai ki aaj taare zarur aaye hai

vaise toh sirf khamoshi hai, na jaane mann kyu chillaye hai,
dard toh bezubaan hai, joh saalo se andar dabaye hai

aakhir kaun padhega itni kahaniyaan joh mann hi mann banaye hai,
na kabhi likh paye na kabhi kisiko suna paye hai

iss sunsaan sadak ke kone mein ek batti sa banke khada hu,
bade dino baad apni vednaao ki lau jalaye hai

kuch der mein suraj niklega, naye vicharon ki roshni se yeh sadak jagmaga uthegi, iss sadak ko zindagi ne kitne safar dikhaye hai

manzil toh ruki hai swagat mein aanewalo ke,
par kuch hi kadam iss tak pohoch paye hai

joh nahi pohoch paye, unhone jate jate bhi
kitno ko sahi disha aur raaste dikhaye hai

iss ek sunsaan sadak ne mere andar itne sawaal
na jaane kyu uthaye hai

sojata hu der hogayi hai,
kuch pal sukoon se kaatne ke liye apna bistar sajaye hai

uss sunsaan sadak par apni khamoshi
chhod aaye hai...

3. Tum Jee Bhar Ke Rona

Main dekh raha hu dard in aankhon mein
aaj khudko rokna mat, tum jee bhar ke rona
kisine pucha na hoga tumse, 'tum kaise ho?'
main janta hu, mushkil hai kabhi kabhi khudke sath hona

Saare sawalo ke jawaab mere paas toh nahi,
par theek hai kuch ka jawaab na hona
mann halka karlo, main sunn raha hu,
aaj tum jee bhar ke rona...

Kisine bataya nahi jeene ka tareeka
Beshumaar galatiyan karo, zaruri hai galatiyon ka hona
jal hi rahe ho roz toh thodi roshni dekar jalo na
chal hi rahe ho roz toh muskurahat lekar chalo na

Joh rok raha hai yeh tumhe karne se
us khayaal ko kyu apne kandho par ddhona
aaj baant lo apna dard mujhse
tum jee bhar ke rona...

Zimmedariyon ki aad mein us bachpan ka khona,
kal ki fikar chord kar, bistar mein mehfooz sona
tajurbe ko paane k liye umra ka khona,
dheere dheere logo se duur jana aur akelapan mehsoos hona

'Tum akele nahi, yeh mere sath bhi hua hai!!'
sahi hai kisi aur se yeh sunne ki chahat hona
main keh raha hu yeh mere sath bhi hua hai,
aaj tum jee bhar ke rona...

Inn likhe hue shabdo ko bhale apne aasuon se dhona
main sunn raha hu,
aaj tum jee bhar ke rona...

4. Naseehaton Ka Bazaar

Zindagi mein takleefo ka bhandaar laga hai...
madad maangne nikla toh pata chala
naseehaton ka bazaar laga hai!!

Voh bhi mufat mein milega,
naa hi iski koi keemat hai
naa hi yeh keemti hai,
magar har taraf beshumaar laga hai,
madad maangne nikla toh pata chala
naseehaton ka bazaar laga hai!!

Ek se pucha, 'yeh mere kaam bhi aayegi?',
denewala bola rakhlo bhaiyya, aapke kaam na aaye, toh
kisi aur ko dena,
ek baar bik jaye, toh vapas nahi lee jayegi
har prakaar ka miljayega, yaha toh iska bahaar laga hai
madad maangne nikla toh pata chala,
naseehaton ka bazaar laga hai!!

Ek khaali dukaan thi, bas ek bada aaina laga hua tha,

na koi khareed daar, na koi dukaan daar laga hai,
us aaine pe likha tha,
'Sab samajhne ki zarurat nahi, isko samajhne yeh
samajhdaar laga hai.
Ghar jao, bahar naseehaton ka bazaar laga hai'

Ghar ke raaste mein kayi log mile, unhe bhi takleef thi,
har kisine mujhse nasihat maangi,
hasi aayi mujhe, ki ab logo ko rasta dikhaane mein yeh
kalakaar laga hai!!
maine unhe ishara karte hue kaha, vaha jao,
naseehaton ka bazaar laga hai!!

5. Mujhpe yeh ilzaam hai

Meri hasne ki koshishein bhi nakaam hai,
meri khushi khamakha hi badnaam hai,
aur hum samajhte nahi
humpe yeh ilzaam hai...

Tumhare khayalon mein doobi hui shaam hai,
ab toh aise din meri zindagi mein aam hai,
khudko kosna toh jaise roz ka kaam hai,
aur hum samajhte nahi
humpe yeh ilzaam hai...

Raaton ko baatein hoti thi ab baaton ko raat hojati hai,
teri shikayatein bhi do jaam ke baad sojati hai,
tujhe samajhneka hi toh yeh anjaam hai,
aur hum samajhte nahi
humpe yeh ilzaam hai...

Nashe ko darr hai asar honese,
behoshi mein us naam ka zikar honese,
jiski vajah se yeh uljhan tamaam hai,

aur hum samajhte nahi
humpe yeh ilzaam hai...

Jab tak dosti thi sab theek tha,
main samajh gaya ki dil lagi ke baad sab haraam hai,
aur hum samajhte nahi
Humpe yeh ilzaam hai...

6. Badalte Hum Hai

Jhuth kehte hai log ki waqt badalta hai,
waqt nahi badalta, badalte hum hai !

vahi log, vahi naam,
vahi chehra aur vahi kaam
vahi din, vahi shaam,
vahi zameen, vahi aasman,
sab kuch vaise ka vaisa aur vahi mausam hai,
waqt nahi badalta, bas badalte hum hai !

maqsad na mila toh shehar badal diya,
vichaar na mile toh dost badaldiye,
khushi na mili toh kaam badal diya,
khudko khud na mila na jane kya kya badal diya,
chhod diya badalna tab jake thode se badle hum hai,
waqt nahi badalta, bas badalte hum hai !

aadat nahi, bas saleeka badla hai,
chaal nahi, tareeka badla hai,
nazar nahi nazariya badla hai,

joh badlaav chahte the, unhi ka badla hai,
badal ke dekhe marham lekin vahi zakham hai,
waqt nahi badalta, bas badalte hum hai !

7. Mann ka Kuwa

Ek aisa kuwa khod liya, jisse kuch niklata nahi,
samandar se bhi gehra, aasmaan se bhi chauda
yeh mann ka kuwa hai, kabhi bharta nahi

Bhook mitt jaati hai, pyaas mitt jaati hai,
par iska laalach kabhi marta nahi,
isko sab chahiye, maine sab dediya,
'thoda aur chahiye' yeh kehne se darta nahi

Isko duniya bhi miljaye phir kahega,
meri maange poori tu karta nahi,
yeh apni hi chalata hai
mere bhi kehne pe chalta nahi

Yeh voh sar pe tapta suraj hai
joh sab jalake khaak kardeta hai par khud jalta nahi,
logo ki zindagiya nikal jaati hai,
par kuch ki zindagiyon mein yeh dhalta nahi

Apni parwarish ka yeh khud zimmedaar hai,

jiska hai yeh usse bhi palta nahi,
bade bade diggaj haar gaye iss se,
hum toh mamuli se aadmi hai, humse sambhalta nahi

Bebas kardena iska manoranjan hai
phir bhi na jaane kyu behelta nahi,
kisi aur ki khushi kabhi kabhi iss se dekhi nahi jaati,
apne dukho se toh ubharta nahi

laalchi hai yeh mann ka kuwa
kitna bhi bharo, yeh bharta nahi...

8. Muhurat nikla jaa raha hai

Sahooliyaton ne teri aadat bigaad di hai,
ab bada aalas aa raha hai.
kab karega joh karneki sochi thi,
uth jaa ab, muhurat nikla jaa raha hai...

Tere junoon mein aur teri zidd mein faasla nazar aa raha hai,
tera nishana kuch aur hai, par tera ishara kuch aur bata raha hai,
teri manzil kahi hai, ,magar tujhe rasta kahi aur le jaa raha hai,
tera yeh bekaabu mann tujhe har ghadi bhatka raha hai,
abhi der nahi hui, par kahi der na hojaye,
uth ja ab, muhurat nikla jaa raha hai

Apni praarthanayo ko yaad kar, usse bhulta jaa raha hai,
apne unche unche aadarsho se phisla jaa raha hai,
khudse kiye hue vaadon ko nighla jaa raha hai,
is bekhabri ki tej mein tera gaurav pighla jaa raha hai,

itihaas mein rehna hai ya ithihaas banana chah raha hai?
uth jaa ab, muhurat nikla jaa raha hai...

Jab lakeerein bhi bhagwaan ne hatho mein hi di hai,
kyu kismat ko kose jaa raha hai,
apni kaya ko palatne se bas ek vichaar duur hai,
kyu itna soche jaa raha hai?
aisi haalat mein tu halaat badalne jaa raha hai?
apno ka chord tu filhaal apni dekh,
uth jaa ab, muhurat nikla jaa raha hai...

Suraj roz nikalta hai, kisiko puchke nahi aa raha hai,
har roz dhalta bhi hai, apne samay se jaa raha hai,
har taara, dikhe ya na dikhe, aasmaan mein zarur tim tima raha hai,
joh tara tuta, voh bhi kisi ki khwaishein puri karte jaa raha hai,
aakhein khol, yeh bhramaand bhi tujhe kuch dikha raha hai,
uth jaa ab, muhurat nikla jaa raha hai...

Kal ke kaamo ko kal pe dhakela jaa raha hai,
is ek tarfa sadak par tu akela jaa raha hai,
iski manzil pachtava hai aur tu abhi se pachta raha hai,
jis ghadi ka tu intezaar kar raha hai,
voh tujhe yahi toh sikha raha hai,
uth jaa ab, muhurat nikla jaa raha hai...

9. Kho Jaate Hum

Kuch dhundne nikle the, kahi jaa rahe the hum,
safar mein aap mil gaye, muskura rahe the hum...

sahi raasta toh aapne dikhaya, na jane khudse duur
hojate hum,
shukraguzaar hu aapka, varna kho jaate hum...

hum toh bas jee rahe the lekin jeena tumne sikhaya,
zindagi ko bas dekh rahe the, use padhna tumne sikhaya,

choti choti cheezon mein khushi dhundna tumne
sikhaya,
ab marne se darta nahi kyuki jeete jee marna tumne
sikhaya,

yeh sab mumkin na hota agar kisi aur ke hojate hum,
shukraguzaar hu aapka, varna kho jate hum...

10. Ab yeh purana hogaya

Kisiko ko raste mein dekh kar muskurana,
apna kaam chhodkar kisiki madad kardena,
kisiki majboori ko uski chaalaki na samajhna,
kisiki masoomiyat ka fayda na uthana,
yeh sab dekhe jaise zamana hogaya,
lagta hai acha hona jaise purana hogaya

Apne diye hue zubaan pe ade rehna,
apne rishto ko shiddat se nibhana,
dhyaan se kisi ki puri baat sunna,
kisi aur ke liye bas hona,
yeh sab mano jaise ek fasana hogaya,
lagta hai acha hona jaise purana hogaya

Kisi ki alag vichaar hone se usse alag na kardena
kisike kumiyo ko sawaarna,
kisi ki khaamiyo ko sweekaarna,
kisi ke liye ladhna, kisi ke sath aage badhna,
acha hone ke liye acha bano toh kehte hai tu toh sayana
hogaya,

lagta hai acha hona jaise purana hogaya

Kisi ke khushi ka karan banjana,
kisi ke dukh ka nivaran banjana,
kisi ke andhere ka deep banjana,
kisi anjaane ki umeed banjana,
in usulo ko rakhnewala aaj begana hogaya,
lagta hai acha hona jaise purana hogaya

11. Bhagwaan dekhte zaroor honge

Arbo log, unki kharbo takleefein, uss se jyada unki duayein
apni apni aasthaaon par kitni umeed rakhte honge,
bhagwaan yeh sab dekhte zaroor honge

kuch ki duayein puri hoti hai, jinki nahi hoti voh sochte zarur honge
ek nayi dua maangne se apneaap ko rokte zarur honge

iss honi ko apne kiye hue paapo se jodte zarur honge
kabhi kabhi apne khuda pe vishwas karna chhodte zarur honge

kabhi kabhaar bhagwan ko bhala bura bolte zarur honge,
apni aastikta aur vaastavikta ko tolte zarur honge

ronewalo ki daleelein, hasnewalo ki dileri toh uske darbaar mein aam baat hogi,
jinko bhagwaan ke hone na hone se farak na pade,

voh uske darbaar mein mashoor zarur honge

kisi aur ko dekhe ya na dekhe,
bhagwaan unhe dekhte zarur honge

12. Naseebwala

Sar par chhat hai, waqt par khana bhi mil jata hai,
kuch log hai zindagi mein jinke sath waqt guzarte bilkul nazar nahi aata hai

Sehat bhi bhagwan ki dua se achi hai,mehnat aur kasrat kar pata hu,
bahot nahi par kama leta hu, kisi aur ke nahi toh apni icchayein puri kar pata hu

Ginti ke dost hai jinse gappe markar lagta hai sab sahi hai,
maa baap, parivaar ko dekh kar lagta hai mere paas kya nahi hai?

Ek humsafar bhi hai, joh kabhi mera sath nahi chhodta
uske haatho mein meri jaan basi hai, tabhi main uska hath nahi chhodta

Sahi galat ki samajh hai, sahi ko sahi kehneka sahas bhi hai, kisike ke sath galat nahi karta, is baat se thodi rahat bhi hai

Shikaayatein kum hi hai vaise toh zindagi se, main toh bas shukra ada karnewala hu
maanta hu mere paas itna bhi ho, toh main naseebwala hu

13. Dekh Lenge

Itne mausam dekhe is zindagi ne,
khair aaj mausam saaf hai
na jaane aur kya kya dikhayegi yeh zindagi,
jab ki tab dekh lenge

ek thehraav mehsoos ho raha hai,
bade samay baad thodi si shaanti hai,
khayalo ka karwaan ruka hua hai,
na jane kab phirse chal pade,
jab chal pade toh thoda behek lenge,
jab ki tab dekh lenge

hone do joh hota hai
aane do joh aata hai,
honi toh hokar rahegi
par kya hoga yeh thodi koi bata pata hai,
shayad tere khayaal tere ghaav khured denge,
khair jab ki tab dekh lenge

tu chalta chal, na peeche dekh,

na aage ki soch bas agli dekh,
gaur se dekhna seekh jaa,
fir kismat ki adla badli dekh,
darr lagega ki kya tere usool tujhe yeh sab dekhne denge?
chhod, jab ki tab dekh lenge

14. Faisla tumhe karna hai

Jante tum sab ho, apni galatiyan, apni kamiya, apni khaamiya,
aur yeh bhi jaante ho ki inpar kaam tumhe karna hai,
kayi samay se yeh kaam taal rahe ho,
ab karna bhi hai ya nahi
faisla tumhe karna hai

dukh aur dard jhelneki jaisi aadat si hogayi hai,
jab na ho toh lagta hai kuch galat ho raha hai,
takleefon ki jadein zehen tak jaa chuki hai,
khushi dekh kar lagta hai kuch alag ho raha hai,
is takleef ka hal tumhe karna hai,
yeh karna bhi hai ya nahi,
yeh faisla tumhe karna hai

bure bhi ho tum aur ache bhi, yeh sweekar tumhe karna hai
puraane taur tareeko ka naye ke sath vyapaar tumhe karna hai
apne gumnaan vyaktitva ka vistaar tumhe karna hai

khudke liye thoda samay nikaalke yeh vichaar tumhe karna hai
ek naye nazariye ko tayyar tumhe karna hai
yeh karna bhi hai ya nahi,
yeh faisla tumhe karna hai

sab neeyat ki baat hai, voh hai toh sab hai
aur neeyat sahi hai toh phir toh gazab hai
par jitna asaan lagta hai utna hai nahi
is maleen neeyat ko saaf tumhe karna hai,
aur yeh karna bhi hai ya nahi,
yeh fasila tumhe karna hai

15. Kudrat ka karishma

Yeh neela aasmaan, jab dekhu toh aankhon ko thandak de jaati hai
uss dhalte hue kesari rang ke suraj ko dekhkar mere saare dukh dhal jate hai

iss anant sagar ki kabhi na rukti lehro ko dekhkar mere kabhi na rukne wale khayal ruk jate hai
inn nadiyo ki dhaarao ko dekhta hu, mere apne vichaar dhaarao ko nayi disha mil jati hai

dhoop mein bas ek ped ki chaav mil jaye toh voh bhaav jaise banjare ko ghar mil jata hai
pyaas mein ek ghut paani ka jab halak se utarta hai, jaise andar se paap dhul jate hai

kheto ki hariyaali dekhkar jaise mere rooh ki bhook mit jaati hai
hari ghaas pe chalta hu toh lagta hai badalo pe tehel raha hu,

jab barish sukhi zameen se takraye toh voh mitti ki
khushboo ek sukoon de jati hai
unn unche unche parvato ko dekhke lagta hai ki mera
wajood kya hai

unpe giri hui barf ko dhoop mein pighalte dekh meri
hichkichahat pighal jaati hai
usme kood jata hu phir khelkar usme jaise bachpana
vapas aajata hai

baagicho mein phoolo ki mehak se jaise andar ke aashiq
ko jaga deti hai
unn titliyon ko udta dekh lagta hai unhi ki tarah ek din
mein bekhauf saari zindagi jee jau

unn parindo ko udta dekhkar mann azaad sa mehsoos
karta hai
raat ko taaro ke chatt ke niche sokar lagta hai maa ki
aanchal mein so raha hu

sach mein, yeh sab kudrat ka karishma hai !

16. Itna hi toh hai

kabhi khud ke sath hona, kabhi apno ke sath waqt guzaarna
unke sath khushiya baatna, ghum baatna
kuch yaadein banana, kuch lamhe sajana
kuch paana, kuch kuch khona,
kuch hasna, kuch rona,
kuch sapne dekhna, kuch hasil karna,
kuch par garv karna, kuch par ghamand karna,
kuch jeena, kuch marna,
kisise pyaar karna, kisise rooth jana
kabhi beparwah hona, kabhi parwah karna,
kabhi marzi ka maalik hona, kabhi majboori ka ghulam hona
kabhi chalna, kabhi daudna,
kabhi uthna, kabhi girna,
kabhi chupna, kabhi dikhna
kabhi bhaag jaana, kabhi saamna karna
kabhi darna, kabhi himmat rakhna,
kabhi bhulna, kabhi seekhna,
aur in saari vipreetta ke beechme main hum

bas itna hi toh hai

17. Jane Kab Seekhunga

Aksar vahi galatiya dauhrata hu,
jitne mauke logo ko deta hu,
khudko ek na de pata hu

hamesha main hi unko samajhta hu,
voh mujhe nahi samjhenge yeh khudko samjhata hu
na jane kab seekhunga

na jaane kab seekhunga
kuch rishto ko utni hi ehmiyat dena jitna zaruri hai,
hadd se thoda jyada karta hu
toh voh mujhpe haavi hojati hai

na jaane kab seekhunga
ki mujhe logo ki zimmedariyon ka wajan
apne kandho par nahi uthana hai,
kuch cheezein voh khud samjhe
toh behtar hoga

na jane kab seekhunga

ki mujhe logo mein apni zaruratein dhundna
band kardena chahiye,
mujhe kisi aur se jyada khud ki zarurat hai

na jaane kab seekhunga
kabhi kabhi kisi se door hojana hi
unke aur kareeb aana hota hai

na jaane kab seekhunga
ki har ladhayi ladhna zaruri nahi,
kabhi kabhi na ladhne mein hi jeet hai

na jaane kab seekhunga
har ghatna utni gambhir nahi jitna use main bana deta hu,
kyuki jab mudke dekhta hu, toh voh ghatna achi ho ya buri
yaad karke bas hasi hi aati hai

aur itni saari cheezein hai
joh main jaanta hi nahi,
itna kuch seekhna hai mujhe,
na jaane kab seekhunga

18. Samjhauta nahi karunga

Bahot hogaya rona dhona
ab khudko roka nahi karunga
abse apne sath samjhauta nahi karunga

hichkichata hu kuch baatein boldena,
kisika mann khatta nahi karna chahta
jin logo ki fikar hai mujhe,
unke bharose ke sath satta nahi karna chahta
is baat ko samjhane jata hu toh main nasamajh kehlata hu,
aise log apni zindagi ab ikattha nahi karna chahta
koi joh marzi karna chahe unhe toka nahi karunga,
abse apne sath samjhauta nahi karunga

dukh hota hai dekhke ki koi galat raah par bhi jaa sakta hai,
jaha se lautna mushkil hojaye us jagah par bhi jaa sakta hai,
mere hote hue bhi koi apne pe aisi naubat laa sakta hai,
dekhne wale andhe ko yeh jahaan kaise koi dikha sakta

hai
ab kisi aur ke baare itna socha nahi karunga
abse apne sath samjhauta nahi karunga

kisiko jalne se bachaane kayi dafa khud jale hai,
apni manzil bhulake kisi aur ko manzil dikhane hum khud chale hai
logo ki bewakoofiyon ko ginte reh gaye,
ab yaad nahi kitni dafa bewakoof hum khud bane hai
khair aise ghatnaye phir mere sath hui, toh chauka nahi karunga,
abse apne sath samjhauta nahi karunga

galati toh meri hai, kisi aur ki kya shikayat karu,
abki baar zarurat mujhe hai kisi aur ki kya hidayat karu,
dusro ko khush dekhna chahta hu par pehle apni khushi salamat karu,
apna gaav ujadta jaa raha hai kisi aur ki kya panchayat karu,
chahe jitna jazbaati hojau, in jazbaato pe bharosa nahi karunga,
abse apne sath samjhauta nahi karunga

19. Waqt Khafa Hai Tumse

Yeh waqt tumse kuch khafa hai shayad,
jab tum paas hote ho toh waqt mere paas theherta nahi,
kahi chale jaane ki jaldi hoti hai use

maine kaha ki tum dono ki dosti kara deta hu,
par kambakth maanta nahi,
shikayat hai ki tumhare sath honepar
mera uspe dhyaan hi nahi hota

shikayat hai ki jab mere pas waqt hota hai,
tab bhi main tumhare hi bare mein sochta hu,
tumhari hi baatein karta hu,
har pal tumhare paas hone ki khwaish rakhta hu,

thodi thodi jalan hoti hai use
ki main tumhe itni ehmiyat kyu deta hu

agar main waqt hota toh shayad main bhi khudse khafa hota,
main uski baat samajh sakta hu kyuki

jab tum nahi hote toh mere paas uske alawa aur koi nahi hota

khafa hai tumse kyuki use pata hai ki agar tum meri hogayi
toh voh guzar jayega

isliye jab tum paas hote ho, toh voh mujhse door hojata hai,
yeh waqt ab humse bhi kuch khafa hai

20. Kuch Mukammal Nahi

Abhi waqt hai,karlo joh karna hai
aaj hai yeh pal, kal nahi
yahi khoobsoorti bhi hai aur yahi kami bhi hai
is jahaan mein kuch mukammal nahi

sab kuch badalta rehta hai,
is badlaav ki koi manzil nahi,
humare chahton ka karwan rokde
aisi koi mehfil nahi
kuch chehre the joh mujhe apna samajhte the,
par ab aisi aas paas koi shakal nahi
is jahaan mein kuch mukammal nahi

jis chaand ki itni tareefein hoti hai,
uspar bhi toh daag hai
aur raat bhi kaha kaali hoti hai,
usme bhi taaron ka chiraag hai
sahi mein galat, aur galat mein sahi
inka aapas mein ajeeb sa lagaav hai
yeh koi daba hua raaz nahi

par yeh raaz hi ek dabaav hai
shunya se shuru hota hai sab, pehla toh awwal bhi nahi
is jahaan mein kuch mukammal nahi

dard ka ehsaas na ho toh sukoon ki ehmiyat kaha,
ghum ke maujudgi ke begair khushiyon ka tajurba kaha,
bhagwaan ne insaan ko mukammal banana chaha,
par joh galatiya na kare, voh insaan kaha,
kahi dafa lagta hai mukammal hona bhi mukammal nahi
sach much is jahan mein kuch mukammal nahi

21. Laut Aana Tum

Itna joh padhliya mujhe tumne, ek mauka tumhe padhne ka hume bhi do
tum mujhe samajh rahe ho, main bhi tumhe samajh saku, apni zindagi mein aisa ohda hume bhi do

jab mann kare humse baatein karna, hum nahi mana karenge
bura bhala joh kehna hai kaho, hum bas suna karenge

jaha bhi jaoge hume sath le jana, chal denge tum jaha kahoge,
bas thoda waqt guzaar loge humare sath phir humare bina kaha rahoge

mujhe ek baar joh apnaliya hai, main tumhara ho chuka hu
phir kab humse baatein hongi, us pal ke liye ruka hu

main toh bas ek kitaab hu, bhale mujhe saath nahi par mera saar hamesha sath rakhna

main tumhare zehen mein hi rahunga, jab bulana ho,
apne dil pe hath rakhna

tumhe jab bhi zarurat hogi meri, main hamesha tumhare
liye yahi rahunga, kabhi na ghabrana tum
padhke mujhe phirse, khudke paas laut aana tum

www.ingramcontent.com/pod-product-compliance
Lightning Source LLC
Chambersburg PA
CBHW070649240926
51846CB00003BA/849
9789375103981